DE LA

PHILOSOPHIE DITE POSITIVE

DANS SES RAPPORTS

AVEC LA MÉDECINE

PAR

le Dr P. Em. CHAUFFARD

Agrégé de la Faculté de médecine, médecin des hôpitaux de Paris

PARIS

CHAMEROT, LIBRAIRE | LECLERC, LIBRAIRE
rue du Jardinet, 13 | rue de l'École-de-Médecine, 14

1863

Ouvrages du même auteur :

PRINCIPES DE PATHOLOGIE GÉNÉRALE, 1 vol. grand in-8. Prix. .   9 fr.

TRADUCTION DES INSTITUTS DE MÉDECINE PRATIQUE DE BORSIERI, accompagnée d'une étude comparée sur le génie antique et l'idée moderne en médecine, 2 vol. grand in-8. Prix. . . . . . .   16 fr.

PARIS. — IMPRIMERIE DE E. MARTINET, RUE MIGNON, 2.

Je ne sais pas un ensemble d'idées plus destructeur de toute vraie science, et plus particulièrement funeste à la science des faits vitaux, que celui que je viens combattre ici. Contre un tel enchaînement de sophismes et de préjugés j'avais cru pouvoir jeter une protestation motivée, dès l'ouverture du cours de pathologie générale qui m'a été de nouveau confié. Je n'avais en vue que la science et la vérité, et je voulais les servir dans la mesure de mes forces.

Sous l'empire de ces sentiments, je rédigeai cette première leçon : arrivé au moment de la prononcer, je cède à des scrupules, d'abord effacés dans les perspectives éloignées où le but que je poursuivais se montrait seul à moi, mais qui rapprochés maintenant se dessinent et grandissent à mes yeux. Je m'arrête, ne voulant pas encourir le reproche de transporter dans un enseignement officiel la pure polémique et ses inévitables ardeurs, malgré le caractère exclusivement scientifique que je suis assuré de leur avoir conservé.

Néanmoins, je crois à l'utilité de cette protestation. Je me suis pris trop souvent à regretter les abaissements inouïs où demeurent plongées les questions de doctrine, je déplore trop la langueur actuelle des intelligences dont la plupart semblent devenues impuissantes à penser, et qui dans cette impuissance ont contracté le mépris même de la pensée, pour que je ne tente pas un appel à des forces vives qui ne font peut-être que sommeiller. Je ne me dissimule pas le peu de portée de cet appel ; mais à chacun à parler suivant l'élan de sa voix ; quelques-uns peut-être entendront.

Je conserve à cette étude critique la forme de leçon que je lui avais donnée ; toute autre forme se prêterait mal à l'allure imprimée dès les premières lignes à cet écrit. C'est à l'occasion du cours de pathologie générale que ce travail a été conçu et exécuté ; je ne crois pas devoir déguiser cette origine, quoique je ne donne pas à mon dessein son dernier accomplissement.

Je n'ai pas épuisé, tant s'en faut, ce que le sujet comportait ; j'ai dû m'en tenir à l'examen des dogmes les plus généraux ; poursuivi dans le détail des faits particuliers, cet examen ne serait pas moins instructif.

Novembre, 1863.

PHILOSOPHIE DITE POSITIVE

DANS SES RAPPORTS AVEC LA MÉDECINE

MESSIEURS,

L'un des spectacles les plus saisissants et les plus
instructifs que puisse suivre la pensée du médecin consiste, sans contredit, dans l'influence que de tout temps
a exercée sur la médecine la philosophie générale, soit
que cette philosophie fût celle d'une époque et régnât
parmi nous parce qu'elle régnait au dehors, soit que
cette philosophie fût particulièrement acceptée par le
monde des médecins, tout en étant contestée et même
vaincue ailleurs. C'est l'une de ces influences que je
veux étudier au début du difficile enseignement que je suis
chargé de vous donner, et je vais la choisir, non dans
un passé éloigné et dans les crises de notre longue histoire, mais dans les agitations actuelles, dans le travail
ouvert ou caché qui s'accomplit ou se prépare sous nos
yeux. Or, parmi les tentatives de philosophie et de synthèse qui se poursuivent, en ce moment, dans notre
science, il en est une savamment et opiniâtrément con-

duite, qui flatte d'incurables faiblesses, systématise hardiment les plus infimes préjugés, élève à la hauteur d'un dogme le mépris et l'abandon de toutes les questions vivantes, éternelles préoccupations des grands esprits, et fondements nécessaires de toutes les sciences. Je veux parler de la philosophie qui s'intitule positive, laquelle, par des assauts incessants, s'efforce de se soumettre l'ensemble des connaissances biologiques. La science de l'être vivant semble à bon droit la plus importante des conquêtes : la secte nouvelle comprend que ce domaine assuré lui vaudrait bientôt tous les autres, et que la conception positive du monde appartient à qui possède la conception positive de l'homme. La philosophie positive s'est donc faite essentiellement biologique et médicale : c'est à ce seul titre que je dois l'examiner ici.

Le positivisme, pardonnez-moi, messieurs, cette expression dont je n'use pas sans répugnance, mais que les fondateurs de la doctrine ont créée et popularisée, le positivisme a trouvé parmi nous un accès facile et un terrain tout préparé. Tant que le travail organicien a été dans sa période d'ardeur et de fécondité, tant que l'on a pu croire qu'il nous fondait une science forte et inébranlable, tant que ses erreurs pouvaient être rattachées aux illusions de sa jeunesse et ne se présentaient pas comme des vices irrémédiables, l'organicisme n'eut à lutter que contre les vérités éternelles qu'il méconnaissait ; il n'avait pas à redouter l'avénement d'une pensée rivale en énergie systématique et en jugements arbitraires. Mais l'organicisme parut bientôt insuffisant et usé ; les générations nouvelles doutèrent rapidement de la science qu'il avait instituée ; elles n'en renièrent pas les principes, et n'en vinrent pas à concevoir et à professer une synthèse plus vivante et plus réelle ; elles s'en tinrent à porter la critique dans les assertions émises, et la critique les leur montra téméraires, hypo-thétiques, contraires à l'état matériel des choses. Un autre courant, sinon un autre esprit, s'établit dans la science. De nouveaux procédés d'investigation amenè-rent des recherches nouvelles et la connaissance de faits nouveaux. Fiers de cette régénération et du travail sévère qui les faisait pénétrer plus profondément au sein de la matière organique, instinctivement désireux de marquer le rejet des formes précédentes et vieillies du sensualisme médical, ces laborieux analystes, en parais-sant sur la scène, avaient besoin de s'affirmer sous un nom, sous un drapeau, sous une philosophie qui dési-gnât leur œuvre, et la séparât des entreprises avortées de ceux auxquels ils succédaient. Le positivisme leur offrit ce nom et ce drapeau ; ils le déclarèrent pour leur philosophie, et en firent le symbole des progrès décisifs qu'ils prétendaient inaugurer dans la science de l'homme vivant. Le positivisme devint ainsi l'héritier de l'orga-nicisme militant ; il était l'organicisme rajeuni, et en relevait tous les rêves discrédités. La philosophie posi-tive recueillait d'autant plus sûrement cette succession compromise, qu'elle n'apportait pas un amoindrisse-ment aux préjugés et aux ambitions déclarées qui avaient fourni à l'organicisme la foule de ses plus fervents adeptes : elle affirmait, au contraire, avec une foi plus entière et presque avec violence, les conditions exclusives et les répulsions invétérées de la science sensualiste ; elle portait plus haut que jamais l'orgueil des dogmes qu'elle professait, et déversait les plus amers mépris sur ceux qui résistaient à des formules tenues pour suprêmes et définitives. Cette philosophie attirait donc invinciblement tous ceux qui dans l'organicisme aimaient surtout les principes, et qui regrettaient de voir ceux-ci se décrier sous des formes condamnées, et perdre de leur influence sur des générations disposées à s'affranchir, et à s'engager peut-être en des voies opposées.

Le positivisme possédait d'autres éléments de succès : qu'il les ait cherchés ou non, ils n'ont pas été sans lui venir en aide : je ne puis que les indiquer, et n'y toucherai que par de rapides allusions. Nous sommes en un temps où toutes les questions, comme toutes les sciences, se mêlent. Les passions allumées dans les entraînements et les polémiques de notre mouvement social pénètrent partout et jusque dans des sanctuaires où elles devraient à jamais rester inconnues, en sorte que les convictions scientifiques relèvent souvent, à leur insu, de convictions puisées à d'autres sources et courant à d'autres fins. De détestables exemples ont été fournis en ce genre dans les camps les plus opposés. On a vu, dans notre science, tel dogme soutenu ou combattu, parce qu'il concordait, plus ou moins, avec tel autre dogme absolument étranger à la médecine. Or, je ne réponds pas que la philosophie positive n'ait entraîné, parmi nous, bien de jeunes et ardents esprits, par la signification et la portée de son enseignement extérieur, et je croirais volontiers que beaucoup ont accepté ses décisions en médecine, parce qu'ils approuvaient ses décisions générales et supérieures. Rien de plus funeste au libre esprit de la science, que ces mélanges d'opinions diverses, et que les despotismes que les unes exercent sur les autres. Je voudrais, du moins, que la médecine, au lieu de se soumettre dans ses rapports, se fît plus souvent maîtresse et importât son autorité plutôt que d'en subir une autre que la sienne. Je voudrais que ceux dont toute l'intelligence s'emploie à l'étude de l'homme vivant, demandassent à cette étude et aux méditations qu'elle suggère à chaque jour et à chaque fait, les lumières à la lueur desquelles ils éclairent leur observation et édifient leur synthèse, plutôt que de les emprunter à de vagues et superficielles notions sur lesquelles leur esprit a glissé sans s'arrêter. La science vit, avant tout, d'indépendance, et tout contrôle qui lui est étranger l'importune et la blesse. Que chacun de nous garde, dans son for intérieur, ses sentiments propres et ses convictions de toute nature; qu'il s'efforce même d'en rechercher l'harmonie et l'accord avec ce que la science de l'être vivant lui montre; mais que, en médecine, il soit seulement médecin et se garde d'introduire des éléments et des moyens d'action que notre science ne lui fournit pas.

Le positivisme, messieurs, malgré cet ensemble de préjugés et de conditions favorables, n'eût pas dépassé le cercle intime où son ombrageux fondateur n'ad-

mettait que des fidèles soumis ; il n'eût pas acquis, parmi
les médecins, cette popularité de passage et quelques-
uns de ces dévouements actifs qui gravent plus profondément l'idée qu'ils servent, s'il n'eût rencontré, pour
adepte résolu et pour infatigable propagateur, un de
ces savants que l'estime publique glorifie, autant pour
leurs vastes connaissances que pour l'austère grandeur
de leur caractère : vous devinez tous que je veux parler
de l'illustre traducteur d'Hippocrate, M. Littré. Maître
incontesté dans tant de régions diverses du savoir humain, dévoué à la science pour l'amour d'elle seule,
quel homme était plus fait pour attirer à une doctrine
philosophique les médecins de son temps ! Il semblait
destiné à apporter, dans l'étude de l'être vivant, un
esprit abreuvé à toutes les sources, fortifié par tous les
aliments, développé par tous les exercices ; et l'on devait
espérer que l'influence, si naturellement due à tant de
savoir et à tant de sincérité, contribuerait à relever de
leur abaissement les questions de doctrine et à replacer
le dogmatisme médical à cette hauteur qu'il doit enfin
occuper pour dominer les immenses étendues conquises
par l'analyse moderne.

Dois-je, messieurs, hésiter à ce moment dans l'expression de mes convictions ? Non, une telle hésitation
me rendrait indigne de toucher à de si hautes questions.
J'oserai donc le dire, notre temps aura vu l'un des
savants qui l'honorent le plus, faillir cependant au beau
rôle qui s'offrait à lui, se faire disciple, mettre en lumière
une œuvre justement obscure, et redonner dans notre
science une vie nouvelle à des préjugés déjà vieux et

qui semblaient s'éteindre dans l'impuissance. M. Littré
a, sans doute, élargi le cadre étroit, tracé par Auguste
Comte, mais il est resté fidèle à la pensée du maître ;
et en introduisant cette pensée dans la médecine, en
analysant sous cette inspiration l'histoire de notre
science, les conditions de son passé et celles de son présent, il a appliqué, avec une constance et une rigueur
inflexibles, les négations et les principes, à l'aide desquels le fondateur avait construit son édifice de la conception positive du monde. Sous le haut patronage de
M. Littré, toute une école médicale s'organisa peu à
peu : nous avons indiqué les principaux de ses éléments
de succès ; son activité scientifique et les œuvres qu'elle
créa firent le reste. Toutes reflétèrent à l'unisson le positivisme enseigné par le maître, et le code médical de
la doctrine parut, enfin, sous la forme d'un *Dictionnaire
de médecine*, où les noms associés de MM. Littré et
Robin ne désignent pas seulement ceux de collabora-
teurs effacés ou de simples continuateurs de l'ouvrage
de Nysten, mais les auteurs d'une œuvre pleinement
systématique et personnelle.

Je viens d'appeler ce dictionnaire le Code médical du
positivisme ; ceux qui l'ont étudié ne trouveront pas
exagérée cette expression. C'est vraiment un fait remar-
quable que la persistance et l'abondance avec lesquelles,
et à une foule de mots divers, reparaît l'exposition de
la pensée positiviste. Cette pensée embrasse tout : elle
juge, à son point de vue, et les systèmes généraux qui
se partagent l'histoire de la médecine, et toutes les hautes
questions que soulève l'observation de l'être vivant ;

elle mêle et les notions de philosophie pure et les notions
de philosophie médicale ; elle traite de l'âme et de la
logique, comme du cerveau et de la sensation. Par
d'innombrables circuits, le lecteur est sans cesse ra-
mené vers un point, la *positivité* qui, nouvel absolu,
domine tout. C'est la partie plus spécialement médicale de cet exposé que je vais essayer d'examiner, avec
cette respectueuse mais entière liberté, dont M. Littré
a trop usé pour ne pas l'estimer et la tolérer chez les
autres.

Le positivisme, renversant toutes les traditions, méconnaissant les nécessités premières de l'institution et
du progrès scientifiques, prétend donner pour base, ou
mieux, substituer à la philosophie des sciences une
hiérarchie de ces sciences. Cette hiérarchie est tenue
pour la notion fondamentale, pour la vérité suprême
qui doit remplacer toutes les notions et toutes les vérités
demandées précédemment à l'étude de l'entendement
et de la raison, à ce fonds lumineux d'où la philosophie
avait tiré la méthode de toute connaissance, la science
première éternellement jeune et féconde, la source de
toute science, sinon de tout savoir. La substitution d'une
hiérarchie à la philosophie des choses contient déjà en
germe les plus graves erreurs : elle immole, dès le début,
toutes les vérités premières et métaphysiques. Peut-on
hiérarchiser, classer des sciences, sans pénétrer au
préalable les conditions essentielles d'une science, sans
définir ce qui fait une science et la distingue des connaissances empiriques ? Or, ces conditions essentielles, la

philosophie positive ne les enseigne pas. « La science abstraite, nous dit-elle, est la seule qui soit philosophique, et elle est abstraite quand elle s'occupe de théories générales. » La définition de la science ne va pas plus loin. La notion de *théorie* aurait-elle donc remplacé, dans le positivisme, la notion de science? Demandons la réponse à la définition même de la théorie : « La théorie, nous dit-on, est la partie spéculative d'une science. C'est le rapport que le génie établit entre un fait général ou le moindre nombre de faits généraux possibles et tous les faits particuliers qui en dépendent. » Ici encore, des mots sans portée, des images indécises et vulgaires, au lieu des idées fondamentales que nous cherchons. Qu'est ce rapport établi par le génie? s'en remettre au génie offre-t-il une garantie scientifique? En outre, qu'est un rapport en soi? N'aurait-il pas fallu le dire? Est-ce une dépendance, une relation de cause à effet? La doctrine nouvelle évite de s'expliquer ; car l'explication la conduirait à des mots et à des notions dont elle éprouve une inexprimable horreur. Ce n'est pas tout : il aurait fallu dire ce qu'est un fait général. Nous nions de pareils faits, au sens sensualiste, le seul qu'admette le positivisme. L'observation, source prétendue de toute connaissance positive, ne peut par elle-même rien dévoiler de général ; elle ne perçoit que le particulier ; pour atteindre à la notion du général et du nécessaire, il faut invoquer d'autres forces, et pénétrer dans un monde supérieur aux sens ; monde où les sens peuvent entrer comme condition d'exercice, jamais comme principe d'action. Or, ceci ramène toujours à ces questions de méthode, à ces idées premières de cause, et de force arbitrairement condamnées sous le nom proscrit de métaphysique.

Le positivisme construit donc sa hiérarchie des sciences sans rien savoir de ce qu'est une science, et, de fait, en en méconnaissant toutes les sévères et fécondes nécessités. Aussi constitue-t-il cette hiérarchie d'après des indications toutes extérieures et empreintes de mécanicisme : c'est une superposition, une échelle d'après les degrés de complexité, plutôt qu'une reconnaissance véritable et complète des vérités et des choses, qu'une conquête progressive des manifestations et des règnes de la nature. Tout, dans cette classification des sciences, demeure superficiel et factice, et entraîne à des rapprochements insidieux, à des assimilations illégitimes.

Vous allez pouvoir en juger bientôt. «Le principe de cette hiérarchie, nous dit-on, est la généralité décroissante et la complexité croissante ; c'est-à-dire que la première science est la plus générale et la moins complexe, et que la dernière est la plus complexe et la moins générale. »

D'après ces règles, les sciences apparaissent comme des composés divers, et le principe de la hiérarchie conclut à leur arrangement suivant leur état de simplicité ou de complexité ; il ne touche en rien aux conditions souveraines qui dominent et effectuent cette complexité croissante, et il ne permet pas de soupçonner les hiatus infranchissables qui tout d'un coup peuvent se déclarer dans cette hiérarchie.

Voyez, par suite, où vont nous conduire ces règles

uniformes, voyez la place qu'elles vont donner, et les conditions qu'elles vont faire à notre science de l'être vivant. La hiérarchie commence à la mathématique, la plus simple et la plus générale des sciences ; elle conduit à l'astronomie, qui n'est, à bien dire, que le développement visible de la mathématique, l'application de cette dernière à un objet déterminé, à l'observation du monde des astres. La physique vient en troisième ligne ; le sujet d'observation est ici plus limité, plus accessible à nos investigations directes ; mais les méthodes observées dans les sciences précédentes demeurent entièrement applicables ; les faits sont de même ordre, obéissent aux mêmes lois générales, relèvent des mêmes éléments de nombre, de mesure, et de mouvement. De la physique on passe à la chimie sans transition brusque ; ce sont des explorations différentes du même monde ; l'ordre physique et l'ordre chimique s'enchaînent et se mêlent ; tout est passage, rien n'est abîme entre eux. Mais voici que la hiérarchie positiviste prétend nous conduire de la chimie à la biologie et à la sociologie, comme elle vient de nous mener de la physique à la chimie : nul avertissement particulier qui nous dise qu'ici les sciences, hiérarchiquement voisines, s'éloignent cependant d'une incommensurable et absolue distance ; que, quelles que soient la complexité des faits chimiques et la simplicité des faits biologiques, l'infranchissable les sépare. Nous laisserons de côté la sociologie, et nous en tenant à l'ordre organique et vivant, nous le proclamons absolument nouveau ; car il nous offre, pour la première fois, ce spectacle inouï de l'être individuel

et supérieur, cherchant et trouvant dans un monde in-
férieur, celui de la physique et de la chimie, les conditions ou occasions de son exercice et de son développement, mais puisant en lui seul son principe d'activité et
la suite entière de ses déterminations. En face de ce fait,
que nous veut cette hiérarchie avec sa généralité décroissante et sa complexité croissante? Quelle lumière nous
apporte-t-elle sur la nature de l'être vivant? A-t-elle
la prétention de lui donner sa vraie place à la suite de la
chimie, comme elle a placé celle-ci après la physique?
Va-t-elle nous faire croire que la vie n'amène avec elle
qu'une complexité croissante? Est-il même bien sûr
qu'elle soit une généralité décroissante, devant l'ensemble
des êtres vivants et cette loi de la vie qui est la multipli-
cation et le progrès de l'être à l'infini? Cette phraséologie
étroite et barbare étouffe à leur origine les plus essentielles des vérités médicales.

L'avénement biologique ne donne pas seulement à la
matière des propriétés qui viennent s'ajouter aux propriétés physiques et chimiques, pour constituer ainsi le
corps vivant: ce serait là la complexité imaginée par le
positivisme ; non, de l'organisme cellulaire à l'être humain, la vie introduit un ordre où tout est nouveau, où
tout est intussusception, sens, génération, instinct, entendement, raison ; où rien n'est physique, rien chimique. Si dans le substratum détaché de l'être et de la vie,
règnent sans partage les faits physico-chimiques, ces
faits on doit les rejeter de la vie. Il faut les remettre dans
ce milieu anorganique sur lequel la vie se détermine et
opère, mais avec lequel elle ne saurait se confondre, ni

faire œuvre commune, et que jamais elle n'incorpore à son activité propre et au but qu'elle poursuit. Ce sont là les vérités sur lesquelles s'élève lentement l'admirable science de l'être vivant : elles se dégagent de plus en plus claires et rayonnantes de la nuit séculaire des systèmes ; elles n'iront pas se perdre devant des conceptions sans force et sans portée.

Ces vérités ont un tel éclat, que le positivisme n'a pu les ignorer entièrement : il les a vues obscurément, et a tenté quelques efforts pour leur faire une part sans briser l'enchaînement de ses sophismes. Ces efforts ont amené la pensée positiviste à dénaturer le sens ordinaire du mot *matérialisme*, et à éloigner d'elle une accusation qu'elle avait au préalable faussée. « Le matérialisme, d'après cette pensée, est cette erreur de logique qui consiste à expliquer certains phénomènes s'accomplissant d'après des lois spéciales et propres, à l'aide de celles qui nous servent à relier entre eux des phénomènes d'un ordre plus simple, par une sorte d'importation dans une science plus complexe, des idées générales d'une science moins compliquée. » Le matérialisme s'explique ainsi par un trouble dans la hiérarchie des sciences ; et cela pour nous convaincre, sans doute, que cette hiérarchie est à elle seule une philosophie large et placée bien au-dessus des préjugés du sensualisme passé. Être matérialiste, ce n'est donc plus accepter la matière en dehors de toute force réalisée en elle et la constituant, ce n'est plus rendre la matière sa propre cause ou la priver de toute cause, ce n'est plus enlever au composé et à la substance l'unité qui l'en-

gendre et la soutient : non, ces vieilles notions sont usées; être matérialiste, c'est, dans la philosophie nouvelle, importer les idées d'une science plus simple et plus générale dans une science plus complexe et plus particulière. D'après cela, on sera matérialiste en physique si l'on y importe des idées empruntées à l'astronomie, matérialiste en chimie si l'on y introduit des idées empruntées à la physique. Qui pourrait comprendre et justifier de telles conceptions?

Mais, me dira-t-on, ces exemples sont mal choisis. Cette loi, cette notion du matérialisme a été particulièrement imaginée pour la biologie; là elle est aussi juste qu'étrange et ridicule ailleurs. Soit; mais alors pourquoi poser comme loi générale de la hiérarchie ce qui n'est applicable qu'à l'un de ses membres particuliers? Pourquoi surtout laisser échapper l'enseignement caché au fond d'une telle exception, et n'y pas saisir la preuve évidente de tout ce qu'il y a de factice dans l'arrangement proposé? Voyons cependant si, contre toute attente, le positivisme va nous sauver du matérialisme médical. On pourrait le croire aux déclarations suivantes : « Nier dans les éléments anatomiques et les tissus végétaux et animaux l'existence de propriétés différentes de celles des corps bruts, expliquer les fonctions normales et les troubles morbides de l'économie vivante par les lois de la mécanique, de la physique et de la chimie seulement, c'est être matérialiste en physiologie et en médecine. » Si l'on médite cette phrase pour en saisir la vraie portée, on ne tardera pas à découvrir les confusions et les contradictions qu'elle cache.

Importer dans une science complexe les explications des phénomènes d'une science moins complexe, 'est, nous dit-on d'abord, être matérialiste ; puis on nous avertit qu'il ne faut pas expliquer les fonctions et les troubles de l'économie vivante *seulement* par les lois de la mécanique, de la physique et de la chimie ; qu'il faut admettre dans les tissus végétaux et animaux l'existence de. propriétés différentes de celles des corps bruts. Qu'est-ce à dire, sinon que dans les corps vivants il faut admettre comme principes d'explication à la fois les lois physico-chimiques et l'existence de propriétés organiques ; il faut associer ces deux ordres d'éléments, les uns appartenant à la science plus simple, les autres à la science plus compliquée ? N'en résulte-t-il pas que dans les sciences biologiques il faut être à la fois maté- rialiste et, comment dirai-je ? spiritualiste ? La langue positiviste n'accepte pas ce mot ; elle n'en a pas créé pour le remplacer ; je dirai donc matérialiste et non-matérialiste ; matérialiste, quand on expliquera les faits biologiques par les données physico-chimiques ; non-matérialiste quand on expliquera d'autres faits également biologiques par les propriétés spéciales des corps organisés. On sera tel ou tel, se défendant d'être l'un en se disant l'autre, suivant le cas, comme certain animal de la Fable. Laquelle des deux tendances l'emportera dans la science ? Qui peut en douter ? Par le rejet absolu des notions de cause et de force remplacées par la notion de propriété, le positivisme est en tout, quoi qu'il en dise, une expression pure du matérialisme. Lui-même, d'ailleurs, cache peu le fond de sa pensée ; écou-

tez ces lignes qui terminent l'article ANIMISME : « Les
travaux subséquents ont résolu la difficulté alors inso-
luble : établissant qu'en effet les corps organisés ont
des propriétés organiques ou vitales qui leur sont propres (sans quoi la biologie se confondrait avec la chimie
ou la physique), mais que ces propriétés *sont subordonnées elles-mêmes* à l'exercice de toutes les propriétés
chimiques et physiques, qui, étant plus générales, interviennent dans toutes les fonctions du corps vivant. »
L'aveu est complet, messieurs, et ce non-matérialisme
ne risque pas de déplaire aux matérialistes les plus dé-
cidés. Le positivisme ne se borne pas à défendre toute
conception causale de l'être vivant : les propriétés biologiques qu'il reconnaît, il les subordonne franchement
aux propriétés physico-chimiques ; ces dernières res-
tent, en définitive, maîtresses premières et réelles ; car,
non subordonnées, elles se subordonnent les autres ;
elles interviennent dans toutes les fonctions organiques,
et, dans cette intervention, elles dominent. La dépendance dans laquelle on place les propriétés organiques
ne doit-elle pas faire pardonner leur admission à ceux
qui les considèrent comme de simples modalités des
propriétés physico-chimiques? Une propriété subor-
donnée à une autre ne rentre-t-elle pas, en principe,
dans cette autre, ne doit-elle pas être considérée comme
une expression, comme un cas particulier de la propriété subordonnante?

Vous pouvez déjà pressentir, messieurs, quelles confusions et quelles ténèbres nous prépare la nouvelle hié-

rarchie des sciences que les disciples d'Auguste Comte
osent nous présenter comme une œuvre transcendante
du génie humain, et que M. Littré dit être à elle seule
une immense lumière. Cette hiérarchie est pourtant la
part la moins malsaine de l'œuvre positiviste ; elle a ses
côtés mutilés de vérité ; elle trace du savoir humain un
tableau qui fixe quelques traits accessoires et des rapports conditionnels et seconds. Je ne rechercherai pas
à quel point cette hiérarchie des sciences est une inspiration nouvelle, à quel point elle serait une imitation d'œuvres anciennes que peut-être elle est loin
d'égaler. De la grande hiérarchie des êtres d'Aristote au
procès mouvant et aux nécessités logiques de l'idée de
Hegel, les points de comparaison ne manqueraient pas ;
mais quelle comparaison, messieurs, pourrait être pro-
posée et soutenue, en face surtout de l'œuvre d'Aristote, œuvre si puissante que des siècles de servile et
stérile admiration n'ont pu la diminuer, et qu'elle demeure plus vivante que jamais dans la mémoire des
hommes ! Quoi qu'il en soit de son originalité, la hiérarchie positiviste, si elle fût restée une étude isolée
des rapports et de l'enchaînement des sciences, eût
passé indifférente pour le bien comme pour le mal ; elle
n'eût jamais acquis l'influence fatale obtenue par la philosophie dont elle a été le point de départ. Cette influence, on la voulait étendre à tout prix sur le passé
comme sur l'avenir des sciences. Aussi a-t-on prétendu
refaire l'histoire des sciences à l'image de la hiérarchie,
et, par là, prouver de nouveau cette dernière. On a
imaginé un développement successif des sciences, déve-

loppement parallèle à la loi hiérarchique, et marchant par conséquent de la science plus générale et plus simple à la science plus spéciale et complexe.

Rien de plus arbitraire que cette loi d'apparition et de développement pour ce qui concerne les sciences consacrées à l'homme, à savoir, les sciences biologiques et sociologiques. A ne parler que des premières, l'histoire est loin de nous montrer les sciences biologiques, et la médecine en particulier, suivre, soit pour leur apparition dans le cercle des connaissances humaines, soit dans leur développement propre, l'apparition et le développement des sciences physiques et chimiques. Les sciences biologiques, au contraire, précèdent manifestement celles du monde anorganique : et il ne s'agit pas ici de ce qu'on pourrait appeler un état d'enfance pour ces sciences, c'est-à-dire un état purement empirique et aveuglément suscité par les seules nécessités de pourvoir à la conservation de la santé : non ; il s'agit d'un établissement vraiment scientifique, établissement durable, vivant encore après vingt siècles. La longue suite des âges lui a valu des accroissements successifs, et en a lentement réformé bien des parties défectueuses : il n'en demeure pas moins fondé sur les éternelles vérités anciennement reconnues. Ces vérités, appelées à juste titre fondamentales, synthèse et produit de l'observation directe et intuitive de la nature vivante, ne proviennent en rien des connaissances physico-chimiques ; elles en sont, non pas relativement, mais absolument indépendantes ; elles ne peuvent être que troublées et dénaturées par l'intervention de ces dernières. La longue histoire de la médecine est la démonstration vivante de ce fait ; car ce n'est pas seulement à sa naissance que la médecine se doit de rester indépendante de toute science des propriétés chimiques ; la liberté demeure son bien le plus précieux, la soumission son plus funeste mal : tous ses accroissements réels, ses plus admirables progrès, les grandes découvertes physiologiques et pathologiques qui, d'époque en époque, sont venus agrandir le champ de connaissance de la vie, sont demeurés son œuvre libre et propre, le fruit de sa saine spontanéité ; tous les faux systèmes qui l'ont déshonorée lui sont venus des sciences étrangères, mécaniques, physiques et chimiques.

Ce sont là, nous dit le positivisme, « les usurpations grossières d'une mauvaise physique et d'une mauvaise chimie. » Non ; quelles que soient la physique et la chimie, elles demeureront également grossières et usurpatrices dès qu'elles prétendront entrer pour si peu que ce soit dans les bases de la science de la vie. Cette science est absolument autonome. Allons-nous pour cela enlever à la biologie, et en particulier à la médecine, les ressources de la physique et de la chimie ? Loin de là ; nous apprécions la valeur singulière de ces ressources, sous la condition qu'on n'en méconnaîtra pas l'emploi. Elles nous livrent des moyens d'exploration et nous permettent d'analyser les conditions matérielles des actes vitaux ; et, certes, leur utilité ainsi déterminée leur laisse dans notre science un assez beau rôle à remplir ; mais les moyens d'exploration, et les conditions matérielles qu'ils révèlent, ne sauraient être confondus avec l'observa-

tion même et la nature réelle de la vie. Les conditions
et les principes des choses demeurent en tout distincts ;
substituer les uns aux autres demeure toujours un grave
et trop commun sophisme. La physique et la chimie
offrent donc à l'observation directe de l'être vivant des
instruments qui lui permettent de pénétrer plus avant
dans l'analyse des actes vitaux ; cette observation directe,
sainement interprétée, n'en reste pas moins la source
féconde de tous les vrais dogmes médicaux ; elle a pré-
cédé les sciences dont elle se sert aujourd'hui pour
de nouveaux progrès ; soit dans le passé, soit dans le
présent, elle doit marcher maîtresse d'elle-même et de
tous ses mouvements. Ce que nous disons ici est vrai de
la pathologie, comme de la physiologie, et de toute la
science biologique : si nous pouvions dépasser les horizons qu'occupe la vie proprement dite, il nous serait
aisé de montrer que les sciences morales et politiques
de la sociologie n'ont pas une indépendance moindre ;
que leurs rapports ne les font pas soumises ; et qu'elles
n'ont pas attendu la venue des sciences inférieures pour
s'établir et même pour acquérir leurs développements
essentiels. Mais l'enseignement biologique nous suffit à
affirmer que la génèse historique des sciences, telle que
la retrace le positivisme, est aussi erronée que la hiérarchie systématique qu'il nous offrait ; l'une et l'autre ne
reposent que sur de faux semblants et de vaines spécu-
lations, conçues à priori plutôt qu'à l'étude impartiale
des faits.

Malgré les vues et les échappées précédentes, nous

n'avons pas encore sondé le cœur de la philosophie
positive, dégagé tout son esprit, ni défini toutes ses tendances ; nous n'avons guère dépassé les abords extérieurs du système. Il nous reste à voir derrière ces longs
préliminaires, quelle science et quel monde cette philosophie nous réserve. C'est encore sur une téméraire in-
terprétation de l'histoire que prétend s'appuyer la pensée
positiviste ; mais, à cette heure, il ne s'agit plus de
l'histoire particulière des sciences, mais de l'histoire
suprême, de l'histoire générale de la philosophie. Il ne
faut cependant pas s'y tromper : le nouveau dogme que
nous allons interroger, semble sortir à postériori de
l'œuvre historique de l'esprit humain ; en réalité il est
bâti à priori ; le positivisme imagine à sa fantaisie les
caractères et le sens de l'œuvre qu'il prétend prendre
pour guide. La philosophie, nous dit-on, présente trois
phases essentielles qui correspondent à trois phases successives de la civilisation : elle est progressivement
théologique, métaphysique et *positive*. Je laisserai de côté
l'étude et la caractéristique de la phase théologique ; la
science et la médecine n'ont rien à y voir ; voyons ce
que sont les deux autres phases ; l'une condamnée,
affirme-t-on, sans retour, l'autre montrée comme
l'avenir de toute science, et l'épanouissement libre du
positivisme.

La phase métaphysique où la science est demeurée
jusqu'ici, se distingue, suivant le positivisme, par l'intervention incessante de l'abstraction, et par la création
d'entités factices imaginées pour expliquer la production
des phénomènes divers révélés par l'observation. Ces

entités sont des âmes, des esprits, des principes d'action substantialisés, des forces réalisées indépendamment de la matière qu'elles ont pour fonction de mouvoir ou d'animer. La phase métaphysique peut être caractérisée par un seul mot, la recherche des causes, la poursuite de l'absolu, la détermination du but où courent les phénomènes successifs des choses. Tout le travail métaphysique a pour visée la raison première et dernière des choses, et comme cette raison, si elle existe, est placée *au delà de notre terre et de notre ciel, de notre espace et de notre temps*, que nous ne pouvons, par conséquent, ni la voir, ni l'atteindre, nous l'imaginons sous forme d'être abstrait, nous la personnifions à notre fantaisie.

Notre science a été un vaste théâtre d'opérations métaphysiques. Les médecins spiritualistes, animistes, vitalistes, n'ont pas fait autre chose qu'inventer des entités propres à expliquer la production des actes vitaux. Les uns se représentant comme un souffle (*spiritus*) la cause qui anime l'organisme vivant, ont supposé des esprits vitaux, animaux, des archées, êtres immatériels liés ou non à la matière dont ils déterminent les mouvements. Les autres, avec Stahl, ont mis l'âme prévoyante et raisonnable à la tête du gouvernement organique, et tous les actes vitaux ont dû relever d'elle ; d'autres enfin ont soutenu que tous les phénomènes de la vie étaient régis par un principe vital, ou une force vitale, superposés à l'agrégat organique et en ordonnant tous les mouvements. Tous ces médecins, les vitalistes surtout, pour mieux assurer le triomphe et la réalité de leur force vitale imaginaire, prétendent que cette force s'oppose à l'accomplissement des phénomènes physico-chimiques de l'organisme, ou du moins les modifie, les trans-forme, et les enlève ainsi aux explications pures de la physique et de la chimie.

Tel est, messieurs, le passé et même le présent méta-physique de notre science ; telle est, du moins, l'expo-sition qu'en trace le positivisme. C'est à de pareils juge-ments que se résume, d'après lui, l'œuvre profonde et lente de l'histoire médicale ; on ne se plaindra pas qu'ils soient d'un accès difficile ; ils se traduisent en d'aisées conceptions. Nul besoin de labourer patiem-ment nos vieilles traditions, pour en pénétrer la ten-dance et la portée ; la marche de l'esprit humain n'est rien moins que compliquée ; et le jeune médecin qui a épousé ces commodes visions peut se rire des esprits chimériques qui consument leurs forces à étudier l'en-chaînement des temps, à lire et à méditer des œuvres anciennes, dont les auteurs ont pour mérite principal de répéter dévotement, de page en page, principe vital ou force vitale, et d'éprouver de ces mots une indicible satisfaction.

Ces temps et ces œuvres, il convient cependant de les respecter en les jugeant de la hauteur actuelle ; car, ils ne pouvaient accomplir autrement leur mission scien-tifique ; mais ils sont désormais épuisés, et ils ne repa-raîtront plus d'après la loi fondamentale du progrès, qui est de substituer partout la conception positive à la conception métaphysique. Toutefois ce respect extérieur du passé n'apparaît guère que sous la plume de l'émi-ment fondateur de l'école médicale positiviste. Les disciples y mettent plus d'emportement, sinon plus d'orgueil. De quelles railleries, surtout, ils poursuivent la force vitale, et quelle pitié dédaigneuse leur inspirent les médecins qui tiennent encore à ce mot et à cette idée ! Il est vrai que cette force vitale ils s'en forment une si fantastique image, qu'elle est bien près de mériter tous leurs sarcasmes. » De toutes les idées, dit un médecin allemand, le docteur Büchner, qui ont fasciné la vue de tous les philosophes de la nature, et qui ont pris naissance dans des temps où les sciences naturelles étaient encore au berceau, il n'y en a pas qui ait fait plus de mal aux progrès de la science, que celle que nous connaissons sous le nom de force vitale, et que la science moderne basée sur l'empirisme a reléguée au nombre des fictions. On prétendait que cette singulière force organique était l'adversaire des forces inorganiques (pesanteur, affinité, lumière, électricité, magnétisme), et constituait pour les êtres vivants des lois exceptionnelles de la nature. » Après cette vue historique de la force vitale, l'auteur positiviste ajoute que « cette force n'est plus qu'une ombre sans corps dans les sciences exactes, et ne se trouve plus nichée que dans la cervelle de ceux qui ne sont pas à la hauteur de la science. » La médecine générale, en Allemagne, semble en être toute à ces violences de langage ; elle se précipite dans le courant matérialiste avec une ardeur qui laisse loin la furie française, plus propre à l'action peut-être qu'à la pensée. Nous sommes des timides en face des audaces qui circulent outre-Rhin ; il est parmi nous un certain bon sens qui exige encore des ménagements. Ce bon sens résistera-t-il toujours, et ne sommes-nous pas à la veille de céder aux entraînements d'une malheureuse imitation ? Je ne suis pas sans le craindre.

Quelle est cependant, en réalité, cette œuvre que veut proscrire la philosophie positive? Quelle est la valeur de tout cet ensemble de notions qu'elle exclut désormais de la science? Nous en jugerons mieux en voyant l'enseignement dogmatique qu'elle prétend leur substituer. Ce n'est pas sans amertume, ni sans honte, que je vais aborder ce dernier sujet. Ici, en effet, je me trouve placé devant des conceptions de moins en moins propres au positivisme : plus l'ombre, ni l'excuse de l'originalité, mais la longue suite de sophismes décrépits que le sensualisme répète, depuis le siècle dernier, devant des générations sur lesquelles il prélève un auditoire énervé, où le nombre compense les adhésions saines et viriles. Irai-je, après tant d'autres, frapper sur toutes ces corruptions de la pensée, et trouverai-je d'assez énergiques accents pour vous communiquer les étincelles d'un mépris que je ne pourrais dissimuler? Oui, peut-on se soustraire à un sentiment d'amertume et de honte quand on voit réfugiés et vivants parmi nous, que dis-je? acceptés par des savants d'une autorité incontestée, des préjugés infimes qui devraient être chassés depuis longtemps de toute pensée éclairée, de toute raison développée par la science et l'observation? Heureusement, messieurs, le temps qui me reste à consacrer à cet examen l'abrégera; je fournirai plutôt un exposé qu'une réfutation; ou du moins, je tâcherai que celle-ci s'élève de l'exposé lui-même et comme de la nudité dans laquelle je vais le montrer.

L'histoire prouve, nous dit le positivisme, que la pé- riode métaphysique des sciences a été impuissante à saisir l'objet de ses recherches, c'est-à-dire les causes génératrices, premières et finales, des phénomènes ; ces causes sont désormais reconnues inaccessibles, et bonnes seulement pour occuper l'enfance de l'esprit humain. Il faut se borner à la recherche des lois et des conditions. On doit se méfier beaucoup de l'emploi des mots *cause* et *force*, et se garder de séparer celles-ci de la matière, si l'on ne veut tomber dans l'ontologie métaphysique. On n'observe jamais la cause et la force hors de la matière ; donc elles résultent de la matière ; donc il n'y a que la matière et les propriétés de la matière. Ne troublons pas, par des questions indiscrètes, ce premier enchaînement de déductions puissantes. On serait tenté peut-être de renverser le raisonnement pré- cédent et de dire : on ne saurait comprendre la matière sans force ou cause qui la constitue ; donc la matière résulte de la force, est l'effet visible d'une cause. On nous répondrait aussitôt : point d'ontologie ; point de création d'entités ; ne ressuscitons pas les conceptions métaphysiques. Très-bien ; mais est-il sûr qu'on ne fait pas de l'ontologie, qu'on ne crée pas d'entité hostile au progrès des sciences, en admettant l'existence première de la matière, sans force, ni cause génératrice ? Cette ontologie, répliquera-t-on, n'en est pas une, car on voit et on touche la matière ; c'est un fait, et le mot de *fait* répond à tout ; il n'y a que des faits et les lois de ces faits. Quant à chercher la raison des faits, pourquoi et comment la matière existe, c'est entrer dans la recherche des causes premières ; et la philosophie positive a élevé, à la hauteur d'un axiome, ces paroles de Cabanis : « Les causes premières ne peuvent être, ni un objet d'examen, ni même un sujet de doute, et l'ignorance la plus invincible est le seul résultat auquel conduise, à leur égard, le sage emploi de la raison. »

Toutes les notions philosophiques doivent être subordonnées à cette invariable pensée. Eux-mêmes, les mots *cause* et *force* doivent être définis comme des attributs ou propriétés de la matière. « La force, c'est tout simplement une propriété, non plus envisagée isolément ou en elle-même, mais dans ses rapports avec les autres propriétés du même corps ou des corps d'une autre nature... La cause est un fait général auquel se rattachent d'autres faits de même ordre..., et un *fait* est encore un attribut ou une propriété d'un corps brut ou organisé. » Corps et matière doivent être définis uniquement au point de vue de la sensation : « C'est tout ce qui produit ou peut produire sur nos organes un certain ensemble de sensations déterminées. » La *loi* ne doit pas dépasser le monde des phénomènes, seul à portée de nos sens : « On entend par loi les rapports constants de similitude et de succession qui rattachent, les uns aux autres, tous les phénomènes présentés par l'univers. »

Voilà une claire philosophie, et qui ne se perd pas dans les ténèbres de la spéculation métaphysique ! Elle n'élève peut-être pas beaucoup l'esprit, et ne le porte pas aux vues transcendantes ; mais elle le contient dans la science, et la science ne doit pas dépasser l'analyse des circonstances dans lesquelles se produisent les phénomènes, et l'étude de leurs relations de similitude et de succession. Jusqu'à présent, l'esprit humain s'était lancé à la poursuite téméraire de la cause réelle ; les progrès que les sciences ont pu faire dans cette direction ne la justifient pas; toutes les erreurs, au contraire, commises par les sciences adonnées à l'étude des causes la condamnent. La philosophie positive partant de faits certains, accessibles aux sens, met sur la voie de progrès indéfinis. Il n'y aura plus de théories vaines, d'images trompeuses ; les plus hautes intelligences s'égarent ; les sens ne suscitent que des vérités. Ne plus voir que propriétés de la matière et rapports de ces propriétés, voilà les grands élans de la pensée nouvelle, les vastes horizons qu'elle nous ouvre. Si l'esprit humain éprouve d'autres aspirations, il devra les refouler ; on doit désormais couper court à de folles audaces ; il n'importe que ces audaces aient paru doubler les forces de l'esprit, et que, tenues pour sublimes, elles aient conquis, ou mieux, surpris l'admiration du monde ! Ces efforts désespérés de l'esprit ont enfanté des rêves que l'expérience, source absolue de toute connaissance, n'a jamais confirmés ; qui, par conséquent, ont toujours été contestés, et auxquels on n'a pu attacher une conception positive et invariable du monde.

Poursuivons l'application des idées positives aux sciences biologiques. Ici, les notions se particularisent, et bien des intelligences qui ne sentent pas nettement le caractère positiviste des idées, lorsqu'on les énonce sous

leur forme générale, reconnaissent le fruit, et acceptent
l'arbre qui le produit. Les éminents auteurs du dictionnaire de médecine positiviste n'ont pas craint d'ailleurs
de ramener à la biologie, et d'interpréter d'après leur
philosophie, le plus grand nombre des actes propres à
l'être vivant et pensant, et de résoudre ainsi les problè-
mes que l'on considérait autrefois comme les plus diffi-
ciles et les plus élevés, mais qu'ils ont eu l'art de réduire
à des termes et à des conceptions abordables sans efforts.
Parmi ces notions de la biologie nouvelle, il en est que
nous avons déjà mentionnées : nous savons ce que la
philosophie positive pense du spiritualisme et du matérialisme, de l'animisme et du vitalisme, du principe vital
et de la force vitale ; nous n'y reviendrons pas : nous
nous bornerons à y joindre l'enseignement de cette
philosophie sur l'âme et sur l'esprit, sur la pensée et sur
l'idée, devenues de simples dépendances de la biologie.

« L'âme, nous dit-on, exprime, considérée anatomi-
quement, l'ensemble des fonctions du cerveau et de la
moelle épinière, et, considérée physiologiquement, l'ensemble des fonctions de la sensibilité encéphalique, c'est-
à-dire, la perception, tant des objets extérieurs que des
objets intérieurs ; la somme des besoins, des penchants
qui servent à la conservation de l'individu et de l'espèce,
et aux rapports avec les autres êtres ; les aptitudes qui
constituent l'imagination, le langage, l'expression ; les
facultés qui forment l'entendement ; la volonté ; et enfin
le pouvoir de mettre en jeu le système musculaire et
d'agir par là sur le monde extérieur. » Cette définition
est peut-être un peu longue et aride dans son énuméra-

tion ; mais avouez, messieurs, qu'elle est complète : aussi permet-elle de restreindre le sens du mot *esprit*, qui devient l'un des attributs particuliers de l'âme ; « car, nous disent MM. Littré et Robin, il faut réserver le nom d'âme à l'ensemble des facultés du système nerveux central, en sa totalité. On peut donc définir physiologiquement l'esprit : la propriété qu'a le cerveau de connaître le vrai et le faux. »

L'âme, propriété du système nerveux en sa totalité ; l'esprit, propriété spéciale du cerveau : comme tout cela est ingénieux, clair, et remplace heureusement les obscurités métaphysiques !

L'idée et la pensée se conçoivent d'elles-mêmes, après d'aussi belles données. « On donne le nom d'idée en physiologie, au résultat exprimé ou non, du mode d'activité propre à chaque partie du cerveau. Le mot *pensée*, pris comme substantif du verbe *penser*, désigne l'activité générale de toutes les parties du cerveau mises en jeu lorsqu'on poursuit une idée simple (c'est-à-dire tel résultat que peut fournir l'action d'une seule partie cérébrale), ou composée (c'est-à-dire qui est le résultat commun de l'action de plusieurs parties). Les instincts et les facultés intellectuelles, ou modes de penser, d'agir de chaque partie du cerveau, lui sont inhérents, sont innés ; les résultats de la pensée ou idées, exprimés ou non, sont donc innés. »

Tout est précieux dans cette double définition, et il faut en méditer chaque membre pour bien saisir ce que le tout contient. Je n'arrêterai pourtant pas votre attentive admiration sur la lumineuse distinction entre l'idée et la pensée; l'une, résultat de l'activité propre de chaque partie du cerveau, l'autre, indiquant l'activité des parties du cerveau, poursuivant une idée. Non, la vraie découverte et le vrai progrès sont la différence entre l'idée simple fournie par l'action d'une seule partie cérébrale, et l'idée composée résultat de l'action de plusieurs parties; chacune de nos idées a ainsi, dans notre cerveau, son organe particulier et sa place; et quand plusieurs organes fonctionnent à la fois, le produit est une idée composée. Comme tout cela est bien digne de cette philosophie qui s'appelle positive, parce que, bannissant toutes les hypothèses, elle n'admet que les faits bien constatés! Ce n'est pas tout : l'idée est un résultat exprimé, ou non, de l'activité d'une partie du cerveau; et comme tous les modes de penser, d'agir de chaque partie du cerveau, lui appartiennent comme propriétés inhérentes et natives, les idées sont innées. Les idées innées! Voilà, enfin, ces mots obscurs, éternels sujets de controverse, depuis Platon et Aristote, jusqu'à Descartes et Leibnitz, Kant et Hegel, les voilà expliqués sans monter aux hauteurs vertigineuses de la métaphysique! Il s'agit bien, en vérité, de savoir si la raison humaine s'élève, par ses propres forces, à des notions supérieures que l'expérience ne fournit pas; il s'agit bien de savoir si ces notions, idées innées, puisque la sensation et le monde extérieur ne les contiennent pas, interviennent nécessairement dans tous nos jugements et sont la base de toute connaissance scientifique! Ce sont là les vieilles manières de poser les questions. La philosophie positive procède autrement : le cerveau possédant une activité innée, les idées sont innées comme lui, et il n'y a plus comme innées telles ou telles idées, prétendues nécessaires; toutes les idées sont innées au même titre, toutes ont même origine, même qualité; elles sont toutes relatives et dues au travail d'une partie du cerveau.

Cet enseignement rénovateur n'appartient pas en propre à la philosophie positive : à chacun son œuvre et sa gloire; et celles-ci, il faut les restituer à Cabanis que le positivisme copie trop souvent sans le citer. « Pour se faire une idée, dit Cabanis, des opérations dont résulte la pensée, il faut considérer le cerveau comme un organe particulier destiné spécialement à la produire ; de même que l'estomac et les intestins à opérer la digestion, le foie à filtrer la bile, les parotides et les glandes maxillaires et sublinguales à préparer les sucs salivaires. Nous concluons avec la même certitude que le cerveau digère en quelque sorte les impressions, qu'il fait organiquement la sécrétion de la pensée. » Il est vrai que les savants positivistes dont nous exposions plus haut l'opinion, nous mettent en garde contre l'exactitude de la comparaison de Cabanis et la sécrétion réellement organique de la pensée : « L'encéphale est, disent-ils, le siége de la pensée. Or, en disant que certains tissus ont la propriété de penser ou de déterminer le mouvement, il ne faut point pour cela assimiler ces actes à la nutrition ou à ses modifications telles que la sécrétion ou l'absorption. » Mais Cabanis lui-même faisait cette facile distinction, et il ne faut pas prendre au pied de la lettre ce qu'il ne présente que comme figure et analogie. La question, d'ailleurs, a fait des progrès depuis lui, et si l'on repousse la sécrétion matérielle de la pensée, on invente d'autres tournures du fait. La science positive qui a fait tant de progrès en Allemagne, où l'horreur des idées métaphysiques a atteint son paroxysme, cette science a mis en avant les plus séduisantes explications. Dans son livre *Force et matière*, si hardiment positiviste et si populaire outre-Rhin, le docteur Büchner s'exprime ainsi : « Le cerveau est bien le principe et la source, ou, pour mieux dire, l'unique cause de l'esprit, de la pensée, mais il n'en est pas pour cela l'organe sécréteur. Il produit bien quelque chose qui n'est pas rejeté, qui ne dure pas matériellement, mais qui se consume soi-même au moment de la production. La sécrétion du foie, des reins, a lieu à notre insu, d'une manière inaperçue et indépendante de l'activité supérieure des nerfs, elle produit une matière palpable ; l'activité du cerveau ne peut avoir lieu sans la conscience ; elle ne sécrète pas des substances, mais des forces. » Quelle conception délicate que ce *quelque chose qui se consume soi-même au moment de la production !* Quelle image saisissante que le cerveau qui *sécrète des forces !* Et pourtant l'imagination féconde de cet auteur ne s'y tient pas ; il pénètre plus avant encore dans les mystères de la production vivante de la pensée : « Les nerfs, nous dit-il, ne sont pas les conducteurs, mais les créateurs de l'électricité. Cette action cesse par l'activité des nerfs, c'est-à-dire dès qu'il y a sensation ou volonté. En conséquence de cette donnée, on a essayé de définir l'activité intellectuelle une électricité latente, et le sommeil une fonction dégagée de l'électricité des nerfs. Peut-être que le flambeau une fois allumé par les investigations expérimentales nous conduira un jour sur la voie qui nous fera connaître de près la véritable nature des fonctions psychiques. » Comment ne serait-on pas sur cette voie, et ne toucherait-on de près à cette véritable nature, avec d'aussi satisfaisantes interprétations? La faveur publique qui accueille ces conceptions n'est-elle pas un présage de leur valeur? Le livre *Force et matière*, en est en Allemagne à sa septième édition.

Je voudrais, messieurs, vous faire apprécier toute la fécondité des dogmes positivistes, et vous montrer les horizons qu'ils ouvrent à la science, les relations directes et absolues qu'ils conduisent à établir entre la cause organique et les effets fonctionnels. Ainsi, par exemple, le cerveau est l'organe, l'âme est la fonction du cerveau : que de conséquences inattendues jusqu'ici à déduire de ce rapport! Le docteur Büchner en signale de telles, que nous regrettons de ne pouvoir les faire toutes connaître. Voici cependant la plus probable, elle permettra de juger des autres : il s'agit de montrer que le volume de cerveau ne mesure pas à lui seul le degré de l'intelligence, mais qu'il faut encore tenir compte de la qualité de la matière cérébrale. «Bibra a fait une analyse comparée, dit Büchner, de la composition chimique des cerveaux de différents animaux. Il en résulte que les cerveaux des animaux d'un ordre supérieur ont en général plus de graisse, et par conséquent aussi plus de phosphore (qui se trouve en combinaison avec la graisse de

cerveau) que les cerveaux des animaux d'un ordre infé-
rieur. Le cerveau du fœtus et du nouveau-né a consi-
dérablement moins de graisse que celui de l'homme
adulte ; par contre le cervean de l'enfant renferme une
très-grande quantité d'eau. Le cerveau du nouveau-né
a déjà plus de graisse que le cerveau du fœtus, et la
graisse semble, selon Bibra, augmenter assez vite en
quantité avec l'âge. Le poids de la graisse du cerveau des
animaux qu'on soumet à un jeûne involontaire, ne di-
minue en rien, preuve évidente que les fonctions du
cerveau réclament une certaine quantité de graisse. De
très-petits cerveaux d'animaux (par exemple celui du
cheval, du bœuf) contiennent, en raison de leur petit
volume, une très-grande masse de graisse, de sorte que,
selon Bibra, la quantité semble compensée par la qualité ; rapport indiqué et déterminé encore par d'autres
faits. » La conclusion parle d'elle-même : parmi les éléments constituants du cerveau, la graisse et le phosphore
sont les essentiels, ceux avec lesquels s'élève la fonction,
se développe l'âme. Moleschott l'avait déjà dit, « sans
phosphore pas de pensée. » Qui sait s'il n'y a pas dans la
découverte de ces rapports le germe d'une nouvelle édu-
cation de l'âme ? Une alimentation choisie où la graisse
et le phosphore entreraient dans des proportions savamment déterminées, ne pourrait-elle pas aider à l'aug-
mentation de ces éléments matériels dans le cerveau, et
contribuer à élever la puissance de l'âme, c'est-à-dire
l'énergie de la fonction cérébrale ? L'hygiène des fonctions et la thérapeutique n'ont-elles pas été remplies par
les iatro-chimistes de médications et de réparations or-

ganiques entièrement pareilles à celle que nous déduisons ici de la composition des masses nerveuses ?

Laissons, messieurs, laissons tous ces abaissements sur lesquels je ne veux pas retenir plus longtemps votre pensée. Ils trahissent le vrai caractère de la philosophie positive qui est de porter en ses flancs tous les germes d'un matérialisme absolu. Ces germes se développent et portent leurs fruits : c'est l'inévitable logique des choses. Cependant la philosophie positive prétendait condamner le matérialisme : les adeptes ont compris ce que valait cette condamnation. En même temps qu'on la portait, on proclamait bien haut que la cause et la force n'étaient que des propriétés de la matière, et que l'esprit humain ne pouvait aborder que la connaissance directe de la matière et de ses propriétés ; on proclamait que l'âme et l'esprit n'étaient que les propriétés du cerveau, et que toute poursuite vers ce que représentent ces mots était une chimère dès qu'elle n'avait pas le cerveau pour point de départ et pour but. Ces notions et autres analogues annulaient, sans en laisser trace, des réserves qui s'adressaient au langage et nullement au fond des choses. Aussi le mot proscrit reparaît-il glorifié, porté même avec fierté par la plupart des philosophes positivistes : « Le nom de matérialiste, dit le docteur Büchner, n'est plus aujourd'hui qu'un titre d'honneur » ; et ailleurs : « ce n'est que dans la matière que résident les forces physiques et spirituelles ; ce n'est qu'en elle seule qu'elles se manifestent et paraissent au jour ; la matière est le principe de tout être. » Toutes ces assertions, et bien d'autres, sont exposées dans un chapitre qui porte

ce titre nouveau et déjà significatif, DIGNITÉ DE LA MA-
TIÈRE. Quel progrès sur Pascal et sur le fameux chapitre, GRANDEUR ET MISÈRE DE L'HOMME ! Au lieu de dire
avec l'immortel écrivain, « toute la dignité de l'homme
est en la pensée », le positiviste devra dire, toute la dignité de l'homme est dans la composition matérielle de
son cerveau, dans les proportions de graisse et de phosphore qu'il contient, dans la qualité de la fibre ou de
la cellule nerveuse dont la réunion forme le centre
cérébro-spinal.

Voilà notre nouvelle dignité; et encore peut-être la
plaçons-nous trop haut en la rapportant à la matière
organisée. C'est à la matière pure, à la matière inorganique que reviennent tout pouvoir et tout honneur. « La
seule différence fondamentale, dit le docteur Moleschott,
entre la matière organique et inorganique, consiste en
ce que la substance organique possède une composition
beaucoup plus complexe. » Une composition plus complexe ne change pas les principes des éléments constituants, ni l'ordre dont ils relèvent. « Tous les phénomènes propres aux êtres vivants, dit Lehmann, doivent
pouvoir s'expliquer par les lois de la physique et de la
chimie; ces lois seules nous donnent la clef des phénomènes de la vie; aussi dans un avenir peu éloigné, la
physiologie sera entièrement réduite aux seuls principes de la physique et de la chimie. » Le docteur
Moleschott a résumé énergiquement cette doctrine en
un suprême aphorisme : « La matière régit l'homme. »

Telle est la conclusion dernière où la philosophie
positive entraîne ses adeptes. Nous n'avons jamais inter-

rogé un médecin se disant positiviste, sans l'entendre résumer ses opinions par cette profession de foi : il n'y a que la matière et ses propriétés ; il n'y a que des phénomènes et leurs lois !

Que ne puis-je, messieurs, en regard de ces images vides et de ces idées malsaines, restituer, dans sa plénitude, la notion de l'être réel et vivant ; que ne puis-je remonter avec vous à l'origine même de cette notion, vous montrer la raison humaine se sentant cause et force, et saisissant directement et sans sortir d'elle-même, cette idée mère au sein de laquelle couve toute connaissance de l'être ! J'aurais de cette intuition souveraine à déduire, avec vous, les caractères premiers de la notion de substance ; car la cause et la force que l'entendement perçoit sont activité nécessaire, principe absolu de mouvement, générateur incessant d'effets. Elles animent tout, vivent au fond de tous nos jugements, se développent en créant l'être, la matière visible que nos sens perçoivent, les phénomènes de tout ordre que l'analyse poursuit, voit ou devine. L'unité se mouvant en pluralité, voilà l'image éternelle de la pensée et des choses. Telle est la substance affirmée dans les nécessités premières de l'entendement, et embrassant, en elle, la constitution générale des êtres, le mouvement continu de la matière, l'enfantement perpétuel de la vie.

C'est sur ces assises immuables que nous aurions posé d'abord les fondements de la science de l'être vivant : puis, sur ces fondements, l'analyse élèverait avec sûreté l'édifice. Toujours soutenue par la synthèse première,

éclairée par l'inépuisable rayonnement de l'idée de substance, l'analyse ne se borne plus à voir et à décrire des
phénomènes, elle ne s'attache plus uniquement à les
comparer, à les rapprocher, pour demander ensuite à
une fausse synthèse de les réunir en faisceau d'après les
analogies extérieures : non ; l'analyse, désormais, connaît et étudie les réalités ; les phénomènes ne lui apparaissent plus que comme détermination de la substance
et de la vie ; elle voit incessamment l'être qui reste, au-
dessus des apparences qui passent ; elle sait qu'elle ne
connaît qu'autant qu'elle rapporte à leur cause les faits
dont elle suit la succession : ainsi assurée dans ses méthodes, elle échappe à la mobilité et aux incertitudes
de la sensation, et elle devient apte à produire l'œuvre
scientifique.

Qu'y a-t-il de commun, messieurs, entre ce milieu
tout vivant et réel et les fantômes à la poursuite desquels
le positivisme prétend condamner ce qu'il appelle dé-
daigneusement la métaphysique? Où voyez-vous là ces
entités imaginaires, dont on nous accuse d'encombrer la
science, et que l'on nous somme d'abandonner pour
l'étude pure du fait? Nous savons, mieux que personne,
que l'idée de l'être ne s'est pas constituée tout à coup
dans l'ensemble de ses réalités indivisibles; nous savons
que, dans notre science, la notion de la vie s'est dégagée
par un travail pénible et lent; que l'union profonde de
ses éléments est demeurée longtemps imparfaite et systématique; nous savons tout cela. Mais en même temps
nous savons suivre, à travers les âges, l'évolution et le
développement croissant de l'idée de vie; nous saisis-

sons la raison de ces transformations successives ; nous
sentons les besoins auxquels ont répondu les formes nouvelles revêtues par l'idée ; nous voyons la part que chacune de ces formes a laissée dans la science, et qui va
s'ajoutant sans cesse aux parts conquises de l'être ; nous
voyons la science elle-même se renouveler et grandir,
en même temps que se renouvelle et grandit la notion de
son objet ; nous découvrons les rapports de cette marche
de la science avec la marche de la philosophie générale ;
l'une illumine l'autre, et nous constatons ainsi l'indis-
soluble alliance de la médecine et de la philosophie.

Cependant, à travers ce travail des âges et les varia-
tions de l'institution médicale qui le marquent, quelques
principes, quelques vérités cliniques surnagent d'eux-
mêmes et résistent à toutes les tempêtes, à tous les
ébranlements du sol. Ces principes, ces vérités obscurément formulés, enveloppés d'images, recouverts de
symboles, deviennent, en quelque sorte, l'âme tradi-
tionnelle de la médecine, la pensée commune de tous
ceux qui observent et agissent sans fascination systématique ; ils deviennent, parmi nous, l'emblème de la
sagesse pratique et du sens médical ; ils sont la raison
cachée et l'antique justification de notre science et de
notre art ; sans eux, sans leur action latente et perma-
nente, les médecins n'auraient été que des édificateurs
de systèmes, que de téméraires usurpateurs sur la nature vivante. En ces principes, sous les voiles qui les
couvrent, gît inconsciente la réalité médicale, la notion
pleine de l'être, vers laquelle gravite la science de la vie.
Le médecin qui, dans l'enchaînement réglé des sys-

tèmes et dans le mouvement ascensionnel des formes de la biologie, sait découvrir le développement de la notion synthétique de l'être et de la vie, s'aperçoit parallèlement que cette notion vit et palpite au sein de la tradition médicale. Aussi, en même temps qu'il s'élève dans l'intelligence de la notion, il grandit dans l'intelligence et le respect de la tradition. Il la voit s'éclaircir peu à peu, et pressent enfin le moment où la tradition et le dogme, le symbole et l'idée claire, s'unissant spontanément et se fortifiant l'un par l'autre, conduiront la médecine vers les certitudes légitimes et les résolutions viriles.

L'être vivant, ainsi conçu, n'est plus scindé en deux parts isolées et détruites par cet isolement même ; il ne sera plus constitué par un rapprochement arbitraire qui ne peut rendre la vie et la réalité à ces parts de l'être qui en sont privées : non, en l'être vivant, l'un et le multiple, la force et le composé, la cause et l'évolution phénoménale, existent l'un dans l'autre et l'un par l'autre ; les séparer c'est les anéantir ; le médecin désormais doit s'élever à les contempler d'une seule vue, confondus en une invincible étreinte : l'unité, la force, et la cause gardant, cependant, leur prééminence ; car si nécessairement elles se développent en effets et en actes, elles dominent ces effets et ces actes, leur impriment tous leurs caractères, leur donnent la forme visible et l'être extérieur sous lesquels nous les observons.

Voilà, messieurs, le vitalisme nouveau, la conception vraiment positive de l'être que nous opposons avec confiance à cette matière venue on ne sait d'où, orga-

nisée on ne sait comment, douée de propriétés spéciales on ne sait pourquoi, imaginée par un chimérique
ontologisme, qui s'est couvert du nom de positivisme
par une antinomie fréquente dans l'histoire des systèmes, lesquels aiment à se vanter des qualités qui leur
manquent le plus. Et cependant le positivisme, non con-
tent de descendre au plus bas de l'échelle des êtres,
semble aspirer au néant lui-même ; il semble souvent
vouloir abandonner toute réalité, tout être substantiel,
tout, jusqu'à la matière elle-même, pour ne plus recon-
naître que des apparences. Des phénomènes et leurs
lois ; rien de plus en science, répète-t-il souvent! Rien
de plus? Est-ce possible? que la philosophie positive
essaye donc d'être conséquente avec elle-même : stric-
tement enchaînée aux phénomènes et aux lois, qu'elle
supprime du langage le mot être qui le remplit, sans
doute à tort! Mais, éloigner ce terme tout métaphysique
et ce qu'il comporte ne se peut : toute langue commence
nécessairement par ce premier mot et cette première
affirmation. Cette nécessité est à elle seule la plus simple
et la meilleure réfutation du phénoménalisme absolu
auquel nous voudrait mener la philosophie positive, si
la matière ne lui offrait un abri habituel et en apparence
plus sûr.

La matière et ses propriétés ! des phénomènes et leurs
lois! Arrêter là tous les élans de l'esprit, ne pas donner
d'autres aliments à l'ardeur de connaître ! ah! messieurs, s'il m'était permis, en finissant, de dépasser les
horizons de notre science, et de suivre la philosophie

positive sur ce terrain des sociétés humaines où elle
prétend inaugurer un ordre nouveau, je vous le dirai
de pleine conviction : gardez-vous de cet esprit qui ne
voit que des phénomènes et des lois, qui ne se nourrit
que de sensations et de comparaisons matérielles ! Une
science où cet esprit règne est perdue pour toute connaissance réelle et féconde ; une société où cet esprit
dominerait serait perdue pour tout ce qu'il y a de grand,
de noble, d'indépendant. Asservie au culte du phénomène et de la matière, cette société serait prête à tous
les asservissements ; ne reconnaissant au-dessus de la
matière et du phénomène aucune force qui pût, contre
cette matière et sa lourde pression, inspirer des résis-
tances capables d'aller jusqu'au sacrifice, elle serait
mûre pour tous les despotismes, pour celui de la force
matérielle, pour celui plus dégradant encore de l'intérêt
matériel. La seule œuvre d'une société pareille et des savants qui la serviraient, serait de calculer les rapports
et les lois de cette double soumission, et d'en enseigner
l'empire sans en comprendre l'abjection. Hélas ! ces
calculs et cette soumission ne nous dominent que trop ;
et il ne faut rien moins que la ligue de toutes les
sciences affermies sur les principes immuables, de toutes
les saines inspirations, de tous les sentiments généreux,
de toutes les passions du vrai et du bien que nos sens
ignorent, pour lutter contre les abaissements trop visi-
bles qui nous menacent, et dont le spectacle est à lui
seul une insupportable oppression.